Para:...............

De:...............

Direção de arte: Trini Vergara
Designer: Raquel Cané
Tradução: Adriana Toledo de Almeida
Revisão: Carmen Pareras

www.vreditoras.com.br

Rua Capital Federal, 263 - CEP 01259-010
Bairro Sumaré - São Paulo - SP - Brasil
Tel./Fax: (55 11) 4612-2866
e-mail: editoras@vreditoras.com.br

ISBN: 978-85-7683-042-9

Impresso na China
Printed in China

Dados Internacionais de Catalogação na Publicação (CIP)
(Câmara Brasileira do Livro, SP, Brasil)

Riba, Lidia María
Um presente para minha irmã / Lidia María Riba;
[tradução para o português Adriana Toledo de Almeida].
Cotia, SP: Vergara & Riba Editoras, 2006.
Título original: Un regalo para mi hermana.
ISBN 978-85-7683-042-9
1. Irmãs 2. Literatura argentina I. Título.
06-2422 CDD-ar-868

Esta publicação segue as normas do Novo Acordo Ortográfico da Língua Portuguesa.

Um presente para minha Irmã

LIDIA MARÍA RIBA

V&R EDITORAS

Uma irmã é para sempre.
Jamais uma afirmação foi mais exata.
Nosso coração guarda muitos afetos:
alguns nos foram dados com a própria existência,
conquistamos e conservamos outros através do tempo:
amores, amigos, filhos... Nem todos poderão
permanecer ao nosso lado, nem todos estão destinados
a nos acompanhar sempre, porque talvez, em algum
momento, escolham um caminho diferente ou porque
vão nos deixar para crescer... Mas uma irmã foi feita
para ficar. Desde o primeiro dia da sua vida.
Compartilha as alegrias e os dissabores dos nossos
primeiros anos, aprende a vida e chega à maturidade
pela nossa mão. E está. Sempre está. Aconteça o que acontecer,
apesar de tudo... Mais além das diferenças, ou ciúmes
e das brigas, mais além das eventuais distâncias,
mais além das ideologias e dos anos que nos separarem.
Com sua presença, nunca mais temeremos a solidão.

Minha irmã...

é a única pessoa com quem posso
ser eu mesma, mostrar-me sem roupagens
que dissimulem meus defeitos, sem medo do ridículo...

é testemunha e coprotagonista de meu passado;
ela sabe porque sabe, compreende,
contém, perdoa tantas coisas do meu presente...

é alguém com quem as risadas cúmplices escondem
códigos indecifráveis para os estranhos...

é a possibilidade de contar com um guarda-roupa extra,
sempre aberto, disponível e ao alcance das mãos...

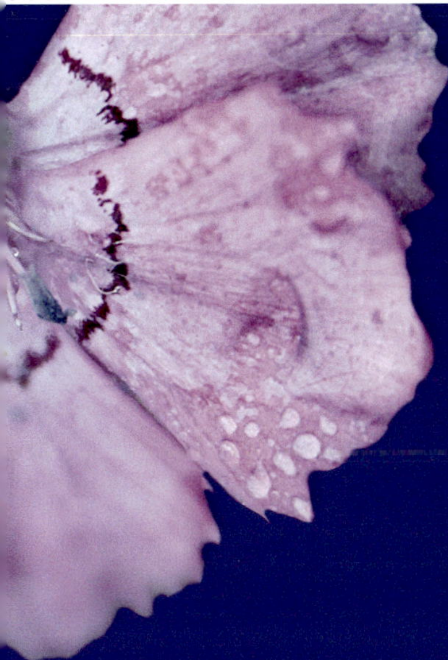

é quem pega o melhor do meu guarda-roupa,
sem me avisar e sem o menor temor aos meus protestos...

é a pessoa de quem aceito a crítica porque sei
que só o amor a impulsiona...

é a minha rival e a minha companheira de aventuras...

é o meu oposto e o meu complemento...
tão diferente de mim e também, minha alma gêmea...

Os verões da inocência.
A ilusão da árvore de Natal.
As perguntas adolescentes.
A emoção do primeiro amor.
A tristeza das perdas.
O vestido preto.
Bonecas e ursinhos de pelúcia.
Anéis de ouro e colares de conchinhas.
O abraço dos festejos.
A herança da ordem.
A risada até as lágrimas.
E as lágrimas.
Algumas obsessões.
Algumas qualidades...
O ontem e o hoje.
Tudo, compartilhamos tudo.

As pessoas que não tiveram a bênção
de ter uma irmã não podem compreender
esta permanente controvérsia.
Como é possível que ontem eu me queixasse tanto
por você ter feito isto ou dito aquilo e, agora, corro
para estar ao seu lado porque acho que você precisa de mim?
Porque você faria exatamente a mesma coisa.
Queixar-se de mim e abandonar tudo para me ajudar.

Ter você na minha vida significou tantas coisas...
Por um lado, já não sou capaz de desfrutar algo plenamente
se não posso compartilhar, de alguma maneira, com você.
Procuro o espaço, o momento necessário
para envolvê-la em minha alegria porque sei que assim,
só assim, ela se multiplicará.
Por outro lado, uma íntima convicção me sustenta
diante das dificuldades: não estou sozinha, nunca estarei.
E não importa se nos encontramos a dois passos
de distância ou em continentes diferentes.
Sei que sempre poderei contar com você.

*Você usou minha maquiagem e a deixou aberta
de propósito!*

*Você levou os meus melhores cds à festa
e os esqueceu lá!*

Você sempre é a preferida!

*Como é que passou pela sua cabeça manchar
o meu melhor vestido e guardá-lo sem me avisar?*

Você é uma egoísta, hoje é a minha vez!

*Está faltando dinheiro no seu esconderijo secreto? Pode ser...
Acho que o outro dia precisei de alguma coisa...*

Você nunca me avisa quando me telefonam!

*Ele lhe disse isso? Quem ele pensa que é? Ele não merece você!
Só um idiota é capaz de perder a melhor garota do mundo.
Como é que ele não percebe que você é perfeita...?*

Uma irmã mais velha

Aprende a ser mãe muito antes de que os filhos cheguem:
cuida, protege e superprotege.

Conhece muito cedo o significado da palavra
injustiça, quando a caçula, só por ser caçula,
fica com a melhor parte de tudo.

Marca o rumo, desafiando consignas paternas
que logo serão desfrutadas por sua irmã menor
sem nenhum esforço.

Arrasta resignada sua irmã caçula a festas
de aniversários, passeios com suas amigas ou ao cinema,
com o garoto de quem ela gosta.

Suporta a desordem, perdoa as coisas quebradas,
aceita o inevitável destino de sempre ser o exemplo.

Toda irmã mais velha alguma vez desejou ser filha única.
E toda irmã mais velha ama incondicionalmente
sua irmã caçula.

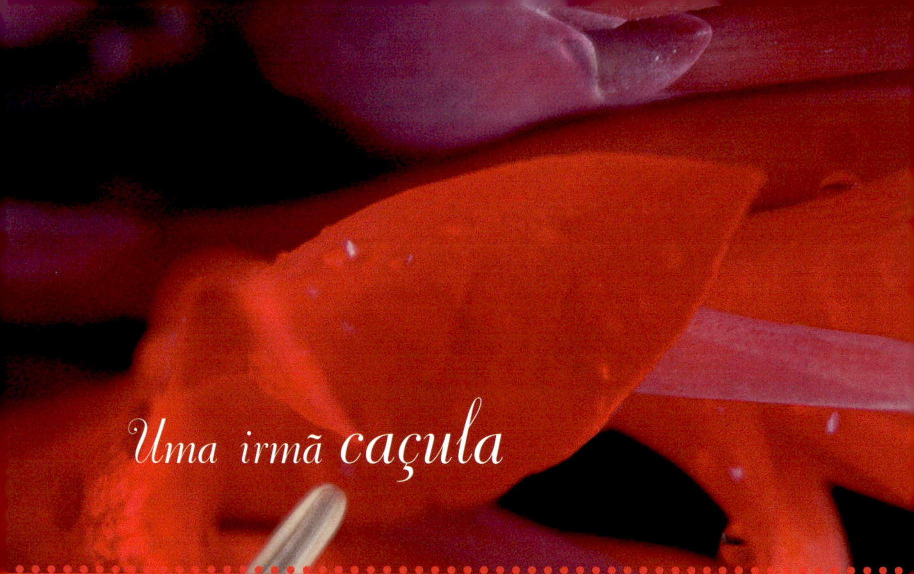

Uma irmã caçula

Aprende a ver a vida com os olhos de sua irmã mais velha: como atravessar a rua, como andar de bicicleta, como conseguir que o papai ou a mamãe... Como ser igual a ela em tudo.

Escuta sempre que ainda não,
que sua irmã mais velha pode, que ela sabe mais...

Aceita que boa parte de sua roupa fique sempre
muito longa ou muito curta ou muito grande...
porque é uma herança de sua irmã mais velha.

Para sua irmã mais velha é, primeiro, uma boneca,
depois se transforma em um incômodo
e, só com os anos, transforma-se em sua igual.

Convive dia a dia com os ciúmes: sente que tudo
o que pertence à sua irmã mais velha
é melhor que suas coisas.

Toda irmã caçula alguma vez desejou ser filha única.
E todas idolatram suas irmãs mais velhas.

Momentos

Você se lembra desse momento mágico em que nós duas acreditamos tocar o céu porque a vida tinha se vestido com suas melhores roupas só para você?
Você conseguiu aquilo que tanto tinha desejado... apesar de todos os prognósticos, de todas as dificuldades. Graças a sua coragem, a pura vontade. Não imagino maior alegria que ter desfrutado do privilégio de compartilhar com você aquela felicidade.

Em outra ocasião, a tristeza nos deixou esgotadas e levou consigo o melhor de nossa esperança. Para as outras pessoas e certamente também para você, essa pena tão profunda tinha o seu nome. Contudo, para mim era tão minha quanto sua. Se pudesse, eu teria trocado as suas lágrimas pelas minhas, seu vazio por todas as minhas posses.

O tempo passou suavizando esse golpe
até transformá-lo em uma saudade que jamais desaparecerá.
Não falamos com frequência disto porque
o coração encerra pudorosamente certas dores,
mas sabemos que viver juntas essa tristeza nos uniu
tanto quanto celebrar unidas as alegrias.

Uma das suas melhores qualidades é a sua maneira de se relacionar com as pessoas: todas as pessoas interessam, são importantes para você.
Você tira seu tempo para dedicá-lo aos seus amigos, está a par de suas necessidades e vai pela vida buscando soluções para todos.
Se um pintor tivesse que fazer um retrato seu, certamente pintaria sua imagem com a mão estendida, em direção a alguém. Mas essa generosidade simples com que você se entrega às pessoas, desfavorece a concretização dos seus próprios sonhos, que demoram esperando uma oportunidade melhor. Você se preocupa em ter menos tempo, não para você mesma, mas para os outros.

Meu desejo é que você possa deixar
por um tempo o que melhor sabe fazer
– dedicar-se às pessoas – para ir atrás
do seu sonho pessoal. Ninguém lhe exige isso,
é verdade, inclusive poucos sabem disso,
mas eu sei que ele dorme oculto em seu coração.
Não desanime, caminhe sem dúvidas
em direção às suas metas.
Será uma inesperada lição que você ensinará a todos,
a mim mesma. Talvez mais de um de nós
saiba aproveitá-la.
Os sonhos não têm preconceitos, não sabem
de circunstâncias nem de idades, estão sempre ali,
novos e esperançosos, desejando que voltemos
a buscá-los para torná-los realidade.
Viva os seus sonhos com alegria.

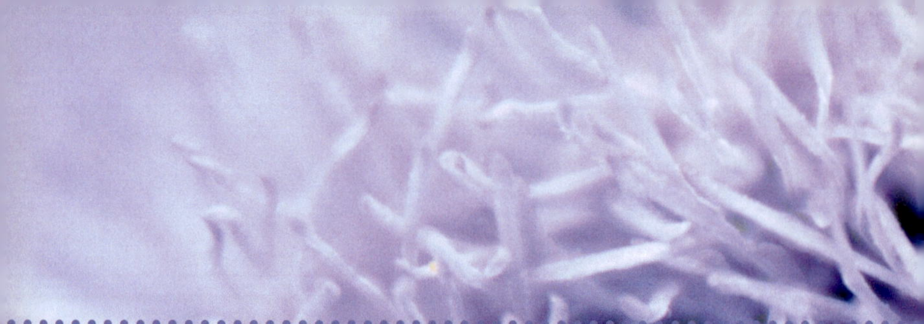

As pessoas nos acham parecidas...
e têm razão.
Como? Uma de olhos claros, a outra, escuros.
Uma distraída, a outra organizada.
Uma apaixonada por seu trabalho, a outra por sua família.
Uma magra, a outra em estado de dieta permanente.
Uma audaz, a outra tímida...
Contudo, o laço que nos une transcende
nossas diferenças.
Nos une aquele jardim dos nossos primeiros anos,
aquele em que uma ensinava a outra a caminhar.

Nos une o amor que nossos pais construíram em nós.
Nos unem as queridas histórias familiares,
repetidas mil vezes.
Nos unem várias aventuras nunca contadas.
Nos une a irrenunciável alegria de nos ajudarmos.
Como a ninguém. Mais que a ninguém.
Nos unem a memória e o futuro por compartilhar.
Em seus olhos e nos meus, hoje vemos nosso espelho.
Diferentes, idênticas.
Irmãs de alma.

Juntas, ontem

Durante a nossa infância, ainda não sabíamos
o quanto significaríamos uma para a outra, mas,
passo a passo, fomos construindo este laço que nos une.
A primeira que aprendeu a ler compartilhou com a outra
o mundo mágico dos contos de fadas.
A que nunca perdia nada se encarregava de verificar
que a outra não fosse deixando para trás suas coisas.
Lembro-me da enorme ilusão com a qual
desembrulhamos aquela casinha de bonecas no dia
em que a ganhamos, sem pensar qual das duas
seria a sua dona.
E as brincadeiras em que uma personificava a professora
e a outra a sua aluna paciente; ou uma vendia coisas
obtidas sem que a mamãe percebesse e a outra comprava
em uma lojinha imaginária. E aquele papel
que trocávamos segundo a necessidade do momento:
o de irmã forte que enxugava as lágrimas e defendia
a outra contra tudo.
Anos de mágicas travessias e medos, de infantis
travessuras e surpresas, anos que foram melhores
pelo simples fato de termos vivido juntas.

Juntas, amanhã

Fecho os olhos e imagino nós duas, velhinhas.
Lúcidas, serenas e orgulhosamente enrugadas.
(Bem, talvez nem tanto.)
Perto de uma enorme janela, de cara ao sol,
cada uma em sua cadeira de balanço, escutamos
uma música suave. Alguém mais nos acompanha? Talvez.
Os filhos e os netos estiveram nos visitando há pouco.
Rimos bastante contando-lhes coisas de um passado
que agora se faz muito mais próximo.
Falaremos deles depois: de seu espírito, que nos reflete,
de seus triunfos que também serão nossos,
e de seus problemas, que compartilharemos por igual.
Você vai segurar minha mão quando vir
que alguma saudade me emociona.
Em silêncio, nós nos entenderemos sem palavras.
Você cuidará de mim, eu de você. Bem próximas.
Juntas, tal como tudo começou. Como toda a vida.

Minha aliada

Sem dúvida, temos nossas diferenças de personalidade, na maneira de pensar a vida, de reagir diante das dificuldades... Mas tudo se desvanece magicamente quando algum problema me ameaça. Você se transforma em um cavaleiro cruzado que luta junto a mim sem condições. Não duvido nenhum instante: você está do meu lado. Diante de todos. E tudo se torna mais fácil porque conto com o seu apoio.

Meu médico, minha enfermeira

Você se preocupa mais comigo que eu mesma
e é a primeira pessoa para quem telefono se estou
doente. Quem poderia me fazer rir como você, mesmo
nas situações mais difíceis? E em quem eu poderia
confiar mais em meus momentos de fraqueza?
Sei que o seu cuidado e o seu carinho serão
o meu melhor tratamento.

Minha conselheira, minha psicóloga

Você me conhece talvez melhor que nenhuma outra pessoa no mundo. Como esconder alguma coisa de você, se crescemos juntas... Por isso, procuro a sua opinião antes de qualquer outra pessoa. Muitas inquietudes, penas, dúvidas e grandes decisões se dissiparam em mim ao escutá-la. Suas palavras na hora certa, seus conselhos sempre me ajudam a encontrar a solução que estou procurando.
Às vezes, você nem sequer deve dizer nada.
Basta o seu olhar preocupado ou o seu silêncio alerta para eu escolher o caminho a seguir.

Minha mestra

Você me ensinou muitas coisas...
inclusive, sobre mim mesma.
E se transformou em meu modelo
em diferentes aspectos da vida.
Os limites entre a irmã mais velha
ou a caçula jamais tiveram
importância entre nós.
Aprendemos uma com a outra
do melhor modo possível: através do amor.

Minha amiga

Preciso lhe contar o que está acontecendo comigo,
e já são três da manhã?
Sei que vou encontrar você disposta a me escutar.
Um imprevisto de último momento e ninguém
que me substitua?
Bastará pedir a você que venha.
Rodeada de gente, estou a ponto de cometer um erro?
Um gesto seu será suficiente para que eu compreenda.
As infinitas tarefas de uma mudança
estão me assustando?
Quem melhor que você para me ajudar a encontrar
o lugar perfeito, para fazer e desfazer centenas
de pacotes, para perder horas comigo procurando
a poltrona mais adequada...
Minha irmã, minha melhor amiga.

Para minha irmã

O que eu poderia lhe dar de presente
para demonstrar o que você significa para mim?
Nada material seria suficiente e sei também
que você não espera nada.
Gostaria que você tivesse um mundo perfeito.
Desejo que todas as suas manhãs sejam
ensolaradas, que o frio nunca se aninhe
em seu coração, que você sempre viva protegida
por aqueles que ama.
Eu lhe desejo uma navegação tranquila,
por águas cálidas, sem tormentas, com as estrelas
como guia, brilhando só para você.
Eu lhe desejo uma colheita abundante,
que lhe devolva multiplicada
a generosidade com a qual você semeia.
Eu lhe desejo a paz e a aventura.

Que adormeça a cada noite
com a serena satisfação das tarefas realizadas.
E que abra os olhos a cada dia desfrutando
do cotidiano e do inesperado,
com a ilusão sempre renovada.
Eu lhe desejo um dos maiores dons da vida:
uma irmã.
Mas, espere, este desejo já me foi concedido.
Você tem a mim, para acompanhá-la,
para ajudá-la e rir com você.
Você tem a mim, para comemorar e lhe dar
a mão quando você precisar.
Você tem minha admiração e meu carinho.
Você me tem ao seu lado.
Você me tem do seu lado.
Irmãs para sempre.

Sua opinião é muito importante!

Mande um e-mail para opiniao@vreditoras.com.br
com o título deste livro no "Assunto".

www.vreditoras.com.br